企業の永続と発展

人づくりの経営をめざす

十川照延

財団法人モラロジー研究所

はじめに

私は昭和十九年、東亜外事《とうあがいじ》専門学校（現在の麗澤《れいたく》大学）に入学しましたが、二十年に軽井沢に勤労動員され、八月十五日の終戦の日を長野県で迎えました。私が過ごした時代の廣池学園は、戦時体制から終戦の混乱期で、いかに食べるか、どのように過ごすかに腐心《ふしん》する日々でした。今の多くの若い人々には想像もできないと思います。当然、勉強もほとんどできませんでした。

東亜外事専門学校を卒業後、二十二年に東京の大学に進学しました。二十五年十二月、大学卒業後、父・十川栄《そがわさかえ》が経営していた合名会社十川《とがわ》ゴム製造所（現・㈱十川ゴム）に入社しました。以来、五十四年間、その間、二十六年間を社長として経営に携わり、平成十八年六月二十八日の株主総会において、社長を退任し、私の長男に譲りました。

社長を交代するにあたり、私もいろいろと考えました。従業員が百人前後の企業であれば、私はもっと早く社長を退き、息子に譲っていたでしょう。しかし、従業員が最も多いときには、約千百人を抱え、従業員に安心をしていただくためには、私が社長を務めるのが最善だと判断し、この時期になりました。

私は息子に仕事のことについてあまり言いませんでしたが、ただ「従業員の痛み、苦しみ、悲しみがわかれば、社長業は務まる」とひと言だけ伝えて交代しました。

従業員には、「二十六年間、みなさまのおかげで社長の重責を全《まっと》うすることができて、心からお礼と感謝を申し上げげます」と謝辞を述べさせていただきました。

私は常に「社員あっての社長」と考え、同時に「社員はわが子である」ということを念頭に置きながら、社員の見本になるような心づかいと行いをしなければならないと考えてきました。

また、父の代に初めて接したモラロジーから多くのことを教わり、私の人生を根本から支える教えになりました。

本書には、これまでの人生や経営の現場で、私が感じたことや考えたことを述べさせていただきたいと思います。それが、多くの読者の方々の参考になれば、このうえない幸せです。

平成十九年一月

十川　照延

目次／企業の永続と発展——人づくりの経営をめざす

第一章　運命の出会い

第四章　伝統につながる生き方

装丁　レフ・デザイン工房　神田程史

第一章　運命の出会い

父の起業と決意

私は、モラロジーの創建者・廣池千九郎《ひろいけちくろう》博士の謦咳《けいがい》に接することができませんでした。しかし、廣池博士が遺《のこ》された原典、教訓など、多くの著書から自分なりに真剣にモラロジーを勉強してきました。真剣に勉強することができたのは、父・栄が懸命にモラロジー活動にかかわる後ろ姿を見ていたからです。父に感化されてモラロジーを勉強したのです。

父は昭和八年にモラロジーと出会い、昭和九年に廣池千九郎博士から直接指導を受けました。

父は家族に対してモラロジーの話をしませんでした。また、「モラロジーを聞くように」とも命じませんでした。しかし、次第に私も勉強しなければならないという強い気持ちになり、微力ながら地域社会あるいは身近なところで、モラロジー活動に力を尽くしてきました。

まず、父の生い立ちについて簡単に述べます。

父は、十川善八《ぜんぱち》とカメの三男として、明治三十五年一月十九日に徳島県の阿波郡林村（現・阿波市）に生まれました。

大正五年、尋常高等小学校を卒業し、大正六年、十六歳のときに大阪のゴム製品加工販売業の坂《さか》商店に住み込み従業員として就職しました。幼少から厳しい躾《しつけ》を受けて育った父でしたが、仕事がつらいという内容の手紙を初めて郷里に出しました。仕事は朝五時半から夜十時まで、その間、掃除や商品の配達をしたり、あるいは主人の子どもの子守りなど、かなりつらい日々であったようです。

一年後、父が実家に帰省したとき、祖父（善八）から「おまえの手紙は見たくない。苦しい、つらい、そのようなことしか書かれていない。おまえより親の私のほうがどれだけつらいか、わかるか」と言われたそうです。神棚には、父が一年間、両親に宛てた手紙十五通が封を切らずに供えてありました。

そのとき父はハッと気がついて、〝親に心配をかけて申し訳なかった。「苦しい」「つらい」という言葉は、これから一生だれにも言うまい〟と決心しました。

坂商店の主人は、よく仕事をされる方でしたが、少し遊びとお酒が好きで、父がお世話になって六年ほど経《た》ったころ、商店は倒産してしまいました。そのとき、父はみずからこつこつと貯めた貯金を店の借金に当てて、大半を清算したということでした。私はその顚末《てんまつ》を父ではなく、同業者の方から教えてもらいました。

父には、形あるものやお金は何も残りませんでした。しかし、無形の財産とも言うべき、業界の方々からの信頼と信用、さらに貴重なゴム加工技術を身に付けることができました。その無形の財産を得て、父は大正十四年五月、二十四歳でゴムホースを製造する十川ゴム製造所を大阪の住吉区に起業しました。

運命の出会い

それから十年ほど経った昭和八年、父はモラロジーに出会いました。取引企業であった三江商会《さんこう》の三輪勝雄《みわかつお》先生から、「十川さん、モラロジーという素晴らしい学問があるから、聞かれたらどうですか」と再三、勧められていました。あまりに熱心に勧められるので、元来、あまり洒落《しゃれ》や冗談を言わない父でしたが、「それでは三輪さんの会社名のように、参考に聞かせてもらいましょうか」と言ってモラロジーを聞きました。

当時、七歳だった私は、ほとんど記憶に残っていませんが、モラロジーの話を初めて聞いた父は、大変な感銘を受けて家に帰ってきました。この三輪先生とのやりとりの話は、後に父の知人から聞いたのですが、そのようなきっかけでモラロジーを勉強するようになりました。

翌年、父は三輪先生の勧めで、神戸の六甲山に滞在されていた廣池千九郎博士に直接お目にかかる機会を得ました。昭和九年九月三日、廣池博士の高弟の中田《なかた》中《みつる》先生に案内されて、個人指導を受けました。

廣池博士から職業を聞かれた父は、「小さなゴム工場を経営して、製造ならびに販売をさせていただいております」と答えました。すると、廣池博士は、「十川さん、日本にはゴム工場はいくらでもありますよ。ものを作るよりも、立派な人を育てる会社を経営しなければいけませんよ」と言われました。

父にとっては、初めて聞く価値観でした。

続いて、父が「帳面上では利益が出ておりますが、どうも中身がいつもマイナスになっております」と申しました。廣池博士は、「まず、あなたが品性を高めていかなければなりません。そうでないと、あなたと似たような人と取り引きをしなければなりません」と指導されました。

廣池博士の指導は、経営者はみずからの心づかいを道徳的にして、社員の幸せを祈る心で経営をしなければならない、さらに企業活動を通じて、社会、人類のために貢献しなければならないという内容でした。

廣池博士の言葉は、父の魂を根本から揺さぶりました。この一回の出会いで、父は生涯をかけてモラロジーの教えに従い、みずからの人生を捧げることを誓ったのです。廣池博士との出会いは父の人生の転機となり、十川ゴムの経営方針にもなっていきます。まさに「運命の出会い」となったのです。

災害援助にオートバイを提供

昭和九年、ゴムホースの生産が軌道に乗りはじめたころ、九月二十一日に近畿地方を大きな台風が襲いました。後に「室戸《むろと》台風」と名づけられたこの台風は、瞬間最大風速が六十メートル以上となり、大阪測候所の風力計を吹き飛ばし、無線用の鉄塔をアメのようにねじ曲げました。また、大阪湾岸を高潮が襲い、当時、小学二年生だった私は、登校後すぐに「帰宅せよ」と言われて、自宅に戻る途中、臍《へそ》のあたりまで水に浸《つ》かりました。

この台風による大阪市の死者・行方不明者は千六十二名、重軽傷者は五千六百四十名、家屋流失が四百六十二戸、全壊二千七百八十二戸、半壊六千百八十一戸、浸水十四万八千四百八十一戸にも達し、未曾有《みぞう》の大災害をもたらしました（大阪市編『大阪市風水害誌』より）。

十川ゴムでも、前年に建築した二階建て工場が倒壊しました。当時、一階でホース、二階でボール、浮袋、犬や猿、象などの玩具《がんぐ》を作っていた主力工場でしたから、金額的にも大変な被害に遭《あ》いました。取引先や知人から「復旧するのに金が要《い》るでしょう。使ってください」と申し出がありましたが、父は借金をしませんでした。創業当時に比べれば、規模も大きくなり、経営内容もすっかり変わっていたので、どうにか資金繰りもでき、短期間のうちに自力で復旧することができました。

この台風で、私が通っていた粉浜《こなはま》小学校も木造校舎の一棟が倒壊しました。父は「後片付けなどに車がいるだろう」と言って、会社のことは後回しにして、会社所有のハーレーダビッドソンのオートバイを運転手付きで小学校に提供しました。後片付けにオートバイを提供するというのは変かもしれませんが、当時はまだトラックがなかったのです。このオートバイにはサイドカーが取り付けられ、後ろには特製の荷台が取り付けられていました。この荷台付きオートバイは当時、大阪では有名で、桜川（浪速区）にあった浪速ゴムと十川ゴム製造所が所有する二台しかありませんでした。

私は、このことをはっきりと記憶しています。今考えると、父はモラロジーを聞く前から道徳的な素養が身に付いていたのではないかと思えるのです。

父に対する廣池博士の慈悲

昭和十年、父は再び、廣池博士とお会いする機会を得ました。

その年の七月、体調を崩した父は静岡県の畑毛《はたけ》温泉で療養をしていました。

そこへ所用で来られた中田中先生に、父が「一応、健康も回復しましたので、廣池博士のところへご挨拶かたがた、今後のことについてご指導をいただきに、お伺いしたいのですが」とお願いしました。すると中田先生は、「今、廣池博士は霧積《きりずみ》温泉におられるから、お伺いしたいことを手紙にしたためて、すぐに連絡しなさい」と言われました。早速、廣池博士に手紙を差し上げましたところ、父は廣池博士から慈悲にあふれるご返事をいただきました。

モラロジーを聞き始めてまだ二年あまりの父にとって、廣池博士からの直筆の手紙は、まさに感激と喜びそのものでした。

博士からの手紙は、次のように書かれていました。

御《ご》快方《かいほう》に向《むか》ひ結構に存じ候《そうろう》

霧積御来駕《ごらいが》之旨《のむね》承知《しょうち》致《いたし》候　此処《ここ》は信越線横川駅下車自動車一里　坂本町に

達し同処奥野義三郎に於《お》いて予《あらかじ》め電報又はハガキにて山カゴをたのみ（賃三

里五円）それに御《お》のりの上願上《うえねがいあげ》候
三里《さんり》の間山水明媚《さんすいめいび》　其上温泉もよろしく候間　御滞在の上今一段御快方に
向候様《むかいそうろうよう》願上候
八月七日、八日ころには中田講師も参り候　ケット袷《あわせ》のネマキなど必ず
御持参《ごじさん》願上候。（※）六十度台の日多く候
右御案内申上候　　草々
七月十六日
千
十川　栄　殿

この廣池博士の手紙を読むと、来る人が間違えないように親切丁寧に案内されていたことがわかります。相手の立場に立った廣池博士から、微《び》に入《い》り細《さい》を

穿《うが》つ、このような慈悲のこもったお手紙を受け取ったことに、私の父は心から感激したわけですが、後に自分もこのように人に接しなければならないと学んだと思います。

平成五年に父が亡くなり、三年経ったころ、洋服ダンスのいちばん奥から表装された巻紙が出てきました。それはこの手紙を表装したものでした。家庭では、父は一度もこれを家族に見せることはありませんでした。他人にも一切見せておりません。自分の宝物として、自分の心の中に納めてあったのではなかったかと思います。

その後、表装された手紙は廣池幹堂《もとたか》理事長にお渡し、廣池千九郎記念館に納めていただきました。

（※）編注：手紙の中の「六十度」は華氏温度であり、今日の摂氏温度では、約十六度

モラロジーに奔走する父

昭和十五年ごろ、私が十三歳のとき、父が会社の朝礼で社員に向かって話したことを覚えています。父は次のように言っていました。

「私は昭和八年から、道徳科学という学問を勉強させていただいている。素晴らしい学問であり、人生の標準をはっきり明示している学問で、社員の皆さんもよかったら聞いていただきたい。しかしながら、皆さんが聞かなくても、私は一生この学問を勉強して、少しでも人さまのため、また国家社会のために尽くさせていただく」

父は社員の前で宣言したとおり、各地で行われているモラロジーの講習会の手伝いに走り回っていました。私の記憶では、当時、父は月のうち二十日間は自宅に不在で、会社も十日間ぐらいしか出勤していなかったと思います。

私は、〝いったい父親はどこに行っているのだろうか〟と思っていました。家に帰ってくると、鞄をポーンと放り投げて、会社や工場に行き、夜の十一、十二時に帰ってきました。自宅で父親と話す機会もほとんどなく、偉い父親だけれども、よい父親とは思わなかったのが、幼いころの私の父親に対する正直な印象です。

家族で旅行したとか、遊びに行くというような家族サービスは皆無《かいむ》でした。そんな中、一度だけ、父親といっしょに大阪「ミナミ」に映画を見に行きました。その帰りに初めてタクシーに乗ったことが懐かしい想《おも》い出《で》です。

父の人助け

父が自宅にいるときは、ほぼ毎日、四、五人のモラロジアンが相談のために来られていました。当時、自宅にはお手伝いさんがいましたが、お客が家を出るのは、夜の十二時、一時になりますから、戸締りをするのは私の役目でした。私は、〝モラロジアンは無慈悲な人が多いなあ。戸締りをするこちらの身にもなってほしい〟と思ったものでした。

しかし、同時に、他人のために真剣に相談に乗っている父の姿を目の当《ま》たり《あ》にしました。優しく指導し、時には厳しい言葉で叱咤《しった》激励《げきれい》する父の姿が目に焼き付いています。

あるとき、鍬《くわ》やスコップの柄《え》を木で作っている木工加工業の方が相談に来られていました。世の中の流れで、材料が木からプラスチックなどの合成樹脂に代わり、必然的に売り上げが落ち、経営が傾きかけているということでした。数回にわたる相談の結果、その仕事をやめて、食品小売業に転業することを父は勧めました。そのときの指導を、私は横でじっと見ていました。父は、この人ならば転業しても、間違いなく成功すると見きわめてから判断していました。

木工加工業から食品小売業への転業の勧めですから、一般的な相談や常識的なアドバイスではありません。しかし、「わしが全面的に指導し援助する」と力強く言っていました。

そこまで言われて、その方は「わかりました。やります」と答えていました。やがて、その方が父の言葉に従って食品小売業を開店されると、父と母は、二十日間、毎日その店に行って、店員として包装をしたり、出口に立って、帰るお客に向かって「毎度ありがとうございます。またお越しください」と言いながら頭を下げていました。店が終わると、その日の売り上げや仕入れの確認もしていました。

父は朝十時に店に行き、夜十一時ごろに自宅に帰ってきました。そこまで真剣に、全力で人助けに尽力する姿を見て、私は深い感銘を受け、〝ほんとうにすごい親父《おやじ》だ〟と思いました。そのような指導と実践は、とても私には真似ができません。

また、あるときはモラロジアンに対して、「わしの言うことを聞かんようだったら、死に方を教えてやる。ズボンと上着のポケットに石をいっぱい詰め込んで、海に飛び込め。浮き上がってきたら、はた迷惑や。必ず沈むようにして死ね」というような指導もしていました。

今、そのような指導をしたら、どれくらいの人がついてくるだろうかと思いますが、父はこのような指導をして、人々を助けていました。

玉となって砕ける

生前の父は、「玉《たま》となって砕《くだ》けるんだ」とよく言っておりました。瓦《かわら》や煉瓦《れんが》は砕けてしまえば、足で蹴《け》られて、だれも拾ってくれる人はいません。しかし、世のため人のために尽くすことができれば、それが玉となり、たとえ砕けても必ず拾ってくれる人がいると考えていました。このように命を懸《か》けてモラロジーを勉強し、人心救済を実行しようとした父でありました。

父は常々、次のようなことを言って会社を経営していました。

一、みずからの品性をつくってくれるのも事業所

二、多くの人たちが救われていくのも事業所

三、伝統報恩の基盤となってくれるのも事業所

これは、最高道徳の実行は家庭や企業など、身近なところで始めなければならないということと、同時に、経済関係の現場で道徳を実行しなければならないということです。さらに、企業は企業全体が道徳活動の中心とならなければならないことを示しています。このような考え方を通して、従業員に心を配っていました。

父は会社の社員寮によく顔を出していました。寮には地方から働きに来ている若い人が大勢いて、父はまるでわが子のように接していました。寮では、社員と一緒に誕生会を開いたり、すき焼きやなべを囲んで、冗談を言ったり、会社の将来について語り合ったりしていました。自分も若いときに、青雲の志を抱いて大阪に出てきたため、自分の姿と青年たちを重ね合わせ、励まし勇気づけようと思ったのでしょう。

父の社員に対する思い

次の話は会社を定年で退職された社員の方から聞いたものです。

大東亜戦争のとき、十川ゴムの社員の中から徴兵されて、十人ほどの青年が戦地に赴きました。父は青年たちの郷里の親に、軍役に就いている間の給料と賞与を送金していました。

その中の一人が復員して郷里に戻り、十川ゴムに行くよりも郷里で就職をしたい、と親に告げたそうです。すると、その方の父親が、「おまえが五年間軍隊に行っている間、会社からこのように給料と賞与をいただいたのだ。そのような恩ある会社に後ろ足で砂をかけるようにして、おまえは他に就職するのか」と言って、諭したそうです。その方は、親の言葉にハッと気がつき、十川ゴムに再就職したということでした。

父はこのような話を私にしませんでしたが、父には、従業員が無事に戦地から帰ってきてほしいという気持ちと、従業員あっての社長という思いがあったからではないかと思います。

第二章　後継者としての道

人の二倍働け

昭和十九年、私は千葉県の東亜外事専門学校に入学しましたが、二十年に軽井沢の陸軍糧秣本廠《りくぐんりょうまつほんしょう》に勤労動員され、終戦の日を長野県御代田《みよた》町で迎えました。私が過ごした時代の廣池学園は、戦時体制から終戦の混乱期で、勉強もほとんどできませんでした。

私が千葉外事専門学校（昭和二十二年一月、校名を改称）を卒業するころ、二代目理事長の廣池千英《ちぶさ》先生に呼ばれて麗澤館に行きました。

千英先生にお会いすると、「十川君。きみ、二、三年、麗澤館で玄関番や僕の鞄持ちをしたら人間らしくなるよ」と言われました。私は内心、〝わが青春が終わってしまった〟と思いました。私はとっさに、「郷里に帰って両親に相談して、あらためてご挨拶に上がらせていただきます」と返事し、その場を立ち去りました。家に帰り、そのことを父に話すと、「とんでもない。おまえみたいな者が麗澤館にいたら、どれだけ迷惑をかけるかわからん。わしから先生に丁重にお断りしてくる」と言うので、私はホッとしました。さすがに、親父は息子を冷静に見ているなと思いました。

卒業すると、東京の立教大学に進学しました。大学卒業後、昭和二十六年に十川ゴム製造所に入社しました。できることなら、他社で働きたい気持ちもありましたが、有無を言わせず、入社が決まりました。

父からは、「おまえは社長の息子と注目されているのだから、欠勤、遅刻、早退は決して許されない。そして、人の二倍働け。社員はそれで当たり前という気持ちでいる。さらに、わしの後継者になる気があるなら、現場を最低三年経験せよ」と言われました。

入社後、四年間は生産現場で働き、二交替勤務や夜間勤務もしました。

親子でも金銭勘定は別

昭和二十八年に結婚しました。結婚すると父から、「形だけ独立するのでなく、経済的にも完全に独立し、一人前の社会人になるように」と言われました。父は、私が大学を卒業し就職してから、金銭的な援助を全くしてくれませんでした。それは実に徹底していました。

結婚した当初は社宅に住み、そこは風呂がなく、妻は乳飲み子を連れて銭湯《せんとう》に行っていました。妻の実家からは、「社長の息子に嫁《とつ》がせたのに、家に風呂もない……」と言われる始末でした。二年後、少しお金が貯まり、やっと風呂を作ることができたときは、心からありがたいという気持ちになりました。

しかし、子どもが成長すると生活も苦しくなり、父に冗談まじりに「もう少し給料を上げてほしい。これでは生活をやっていけない」とお願いすると、「価値のない人間になぜ給料上げげんといかんのじゃ」と一喝《いっかつ》されました。

当時、給料が一万二、三千円ぐらいだったのですが、父から三千、五千円と前借りすると、翌月の給料はその分が必ず差し引かれていました。

また、その後、両親の家と私の家を隣同士の敷地に同時に建てることになりました。父は「おまえにできるならば建ててもよい」という話でしたが、当然、父からの援助はありません。私は建築費の大部分を銀行から借りて建てました。二軒の家の建築中、父は大工さんに、「息子の照延のところは金持ってないから、あんまりいい材料を使わんように」と話していました。

また、父にはゴルフによく連れて行ってもらいましたが、お金は一円も払ってくれませんでした。連れて行ってくれただけです。親子でもゴルフのプレー代は別勘定でした。

父は物事のけじめには厳しいものがありました。家内工業的な会社のときから、公私混同をすることはありませんでした。特に金銭の取り扱いについては厳格でした。私は今でも、徹底してお金の大切さや価値を教えてくれた父に感謝しています。

労働争議と父の思い

昭和三十二年の一月四日、仕事始めのとき、父に呼ばれて、「明日から東京支店に転勤しなさい」と言われ、私は三日後に単身で東京支店に赴任しました。父は私に、知らない土地での営業経験を積ませたかったようです。

昭和三十七年の暮れ、父から急に「会社の労働組合が少しおかしな方向に向かっているから、おまえが労働組合との交渉にあたれ」と呼び戻されました。この交渉は、会社と私にとって大きな試練でした。

交渉の前面に立つ私に、父は「これは経済闘争ではない。少し偏《かたよ》った思想が入ったイデオロギー闘争だから、トコトン彼らと対決しなければならない。正論を通し、住吉工場がつぶれても、わしに悔《く》いはない。形があるものがなくなっても、創業者の精神まではなくならない。わが社に社会的使命があるかぎり、何年か後には必ず協力者が現われて、再興できるはずだ。わしはそれだけのことを実行してきたから、心配しなくてよい」と言いました。普通、社長は「自分の会社がつぶれてもいいから、やりなさい」とは言わないものです。この言葉で私も肚《はら》を据《す》えました。

当時、私は数えで三十七歳でした。労働組合との団体交渉にあたって、上部団体から「あんたは役員でもないのに、なぜ会社のトップとして出てくるのか」

とよく言われました。私は「何が不足ですか。私は社長から全権委任されて会社代表で出ているのです」と答えました。

当時は労働組合運動が活発な時代でしたから、いつも華々《はなばな》しいストライキが決行され、当社もそういう試練を乗り越えていきました。

その後、組合から労働紛争の一つの方法として、不当労働行為の提訴が行われ、地方労働委員会で争い、会社が勝訴しました。

その頃、会社の正当性が認められることは稀《まれ》でしたが、七人を懲戒解雇《ちょうかいかいこ》にしたことがあります。そのとき、私は、人事部長、人事課長とともに、「社長に報告すれば喜んでくれますよ」と喜び勇んで報告しました。

「おかげで七名の懲戒解雇は正当性があったので、会社に軍配があがりました」と父に報告しました。すると、返ってきたのは、「皆さん、ご苦労やった。しかし、まことに残念であった。同じ会社の社員を、法律によって白黒をつけなければならないということは、経営者としてはほんとうに情けない。申し訳なかった」という言葉でした。こちらも「社長、申し訳ありません」と謝りました。

そのあと、父から、「懲戒解雇だから、退職金は一銭も出さなくてもいいだろうが、うちの会社では彼らは助からなかった。彼らも若い。これから別の会社に行って、将来を送らなければならないのだから、何も金によって反省するとは思わないが、きみらはいくら出したらいいと思うか」と聞き返されました。

私たちはこれまでの厳しい交渉で常にカリカリしていましたから、「社長、それは一万円もあれば上等です」と周りの皆が答えました。すると、「そうか。きみらは、もうちょっと心を広く持ったらどうなんや。同じ出すなら、もうちょっと出してあげなさい」と諭されました。

「わしのポケットマネーで五万円ずつ出すから。照延、きちんと包んでおまえから本人に渡しなさい。うちでは助からなかったが、この餞別《せんべつ》で少しは目覚めていただけたら、ほんとうにありがたいことだ」と父に言われ、私は七人に餞別を渡しました。

そのうちの五人から私に電話があり、「本来であれば、社長にお礼を申し上げなければならないのですが、どうしても社長には電話しづらかったので、営業部長に電話させていただきました。社長によろしくお伝えください」ということでした。それを父に伝えると、「そうか」とだけ言っていました。

ロボットになるな

私は三十八歳で取締役営業部長になりましたが、社長である父にさまざまなことを相談しても、ほとんど答えてくれませんでした。例えば、社員の昇給や賞与についても具体的に指示がありませんでした。私は悩み、思い切って「なぜイエスともノーとも言ってくれないのですか」と尋ねました。

すると父から、「わしがイエスとかノーとか、いちいちこうしろ、ああしろと言った場合、おまえはただのロボットにすぎない。だから、何も言わないようにしている。何ごとも自分で考え、広い視野に立って、また公平無私の立場で、慈悲の心を持って判断したらいいじゃないか。

例えば、昇給の問題であれば、まず従業員のことを考え、それから同業他社のこと、地域社会のことも参考にして、そのうえで、会社の利益がどのくらい確保できるのかを総合的に判断して、おまえが決断を下せばよい」と言われました。

父は、三十八歳の私に、経営の根幹にかかわるような判断をする際の心構えを教え込んだわけです。

また、毎月の月次報告では、書類を見て話すと、いっさい受け付けてもらえませんでした。

「書いたものを見て報告するのは、やる気のない証拠だ。やる気があるなら、数字などみんな頭に入るもんや」と叱られました。

そのため私は苦労して、何も見ないで決算報告や手形の残高を報告できるようになりました。決算の数字を覚えるコツは、各工場の平均の製造原価、そして従業員の数と平均賃金を記憶して、それを基準にして当月の材料費の変化や時間外手当の変化を把握することです。毎月の粗利益《あら》がどのくらいになっているかを推察することで、帳簿を見なくても経営の実態はつかめます。おかげで現在でも、経営に関する数字はすぐに覚えられるようになりました。

そのようにして、私は父から教育を受けました。私も真剣に取り組みました。

「みずからが苦労して決断を下す。その積み重ねが肚をつくるんだ。そして経営者としての自信が生まれるのだ」と、晩年の父に言われたことがありました。

モラロジーの先輩方からも、「肚をつくれ。人心救済すれば肚ができるんだ。人心救済をしないから肚ができないんだ」と言われますが、やはり自分が実行してきた分量だけしか、人を教育することはできない、他人を救済することができないと思います。そのようなことを父から教えられてきました。

後継者の役割

企業の人づくりで、いちばんの大仕事であり、大きな責任を伴うのが後継者の育成です。だれを後継者に選ぶかは、非常に難しい問題であり、経営者にとっては悩みの種です。

かつて父は、私も出席していた役員会の席上で、「息子の照延をどうしても社長にしたい、という考えは持っていない。息子より立派な後継者がいたら、次の社長に選んでくれていい。要は、この会社をどのように継承してくれるかだ。これだけは、はっきり言っておきたい」という発言をしたことがあります。

明治生まれの父としては、進歩的な考え方を持っていた経営者であり、会社を常に公器と考えていました。

しかし、自分の息子に跡を継いでもらいたいと考えることは、多くの中小企業の経営者にとって偽らざる心境ではないかと思います。能力のある幹部社員の抜擢《ばってき》も選択の一つですが、ライバルとして競い合ってきた社員の中から一人の社長を選ぶことは、社内の分裂や組織の崩壊を招くおそれもあります。父子世襲型で息子に跡を継がせたほうが無難でしょう。また、財産の引継ぎも効果的に行われます。

跡を継ぐ息子にしてみれば、先代が育ててきた古参のスタッフの役割が大きすぎる組織は動かしにくいものです。交代すると、すぐに組織を変えたり、合理化をしようとして、トラブルが起こり、古参のスタッフが会社を辞めてしまう場合があります。先代のために忠誠を尽くした社員だということをよくわきまえて、大事に使ってあげることができれば、社長を引き立ててもらうことができるのですが、それができない後継者が多いのは残念なことです。

また、父親を意識するあまり、変わったこと、違うことを実行しようとしてつまずくケースがあります。急に新しい経営手法を取り入れたり、新しい機械を入れて売り上げを伸ばそうとすると、必ず失敗します。時代に対応した改革や革新は必要ですが、ゆっくり時間をかけることが必要です。

わが社の創業は大正十四年の古い会社であり、私が入社した当時は、どんぶり勘定的な経理をしていました。私が役員に就いてからは、先輩方を傷つけないように新しい提案をしながら、少しずつ変えていきました。十年ぐらい経つと、人も組織もずいぶん変わっていました。あまり急激に変えないほうが無難だと思います。

後継者の育成と選定のポイント

ここで、私が考える後継者の育成と選定のポイントを述べます。

一番目は、後継者の第一候補は息子であり、次は身内（兄弟、養子）、そして能力ある人材の順であること。

二番目は、能力以外に大事なものとして情熱と使命感、そして品性があるかどうか。

三番目は、内外から尊敬される人物であること。

四番目は、伝統尊重の精神と建設的な慈悲心を持っているかどうか。

五番目は、人々の苦しみや悲しみをよく知り、人に仕えることのできる人物であること。

六番目は、自分中心的な考えのない（三方善の考え方ができる）人物であること。

七番目は、公平かつ高等円満なる常識と管理能力があるかどうか。

八番目は、他人のことを中傷しない人物であること。

九番目は、人の幸せを実現できる人物であること。

幸い、私は父から経営者としての厳しい訓練を受けることができ、後継者として教育されました。

私が五十歳になるまでは、ずいぶん厳しいことを言われました。しかし、五十歳を過ぎたころから、「それは専務の照延に任せてあるから、聞いてくれ」と父は言ってくれるようになりました。その言葉を聞いて、父もやっと安心して私に仕事を任せてくれるようになったのだと思い、たいへん嬉しく思いました。

後継者の教育は、それぞれのケースによっていろいろな対処があって、個別に考えていかなければならないテーマですが、次の世代への遺産づくりと後継者づくりは、経営者にとって最高にして究極の任務です。

第三章　人の育つ企業になるために

「三方善」の経営をめざして

昭和三十五年、阪神高速道路の建設計画が発表され、道路が住吉工場の敷地内の一部を通るために工場を移転しました。その跡地が遊んでいたので、ある方から「ボウリング場をやったらどうですか」という勧めがありました。父は、「地域社会や国家に役立つ事業をするのが十川ゴムの経営理念ですから、お断りします」と即座に返事していました。

当時は、ボウリングがブームになる前のことでしたから、ボウリング場を建設していれば確実に儲かっていたでしょう。

そのような判断がすぐにできるのは、国家建設に役立つ製品をつくることが会社の経営理念にあるからです。その考えは、わが社の商品構成を見てもわかります。製品の多くが生産財であり、消費財はわずかです。

さらに、わが社では、仮にどんなに安い価格の原材料であっても、資材部長の独断では仕入先をかえられないようになっています。それは今日の十川ゴムがあるのは、昔からお世話になっている仕入先のおかげだからです。父は、売り先の会合には出たことがないのですが、仕入先の会合にはよく出席して、「皆さんのおかげで、今日も満足にやらせていただいています」と挨拶していました。

わが社の仕入先は終戦直後から続いている取引先が多く、新しい仕入先は新しい商品や原材料が必要になったときだけ口座を開いたところばかりです。たとえ、切り替えるにしても、そのときは十分に話をして、納得を得て切り替えます。

そのようなことが時代に即応した「明日への製品づくり」の基本であり、自分もよくなり、また相手もよくなり、第三者もよくなっていくという「三方善」の経営理念に通じるものだと思います。さらに、皆さまのおかげで得られた利益も、社員のため、取引先のため、そして会社の将来のために使っています。バブル時代にも浪費や投機に使ったことはありません。

私は父から、「おまえは未《いま》だにあそこと取り引きしているのか」と言われたことがありました。十川ゴムの品物を買ってくれれば、どこに売ってもいいというものではなく、やはり、自社の品物を売る以上、その品物が社会や国家のために役に立つようなところに品物を売るべきでないか、という父の忠告でした。

買ってくれればどこでもいいのではなく、品格ある企業と取り引きをしなければならないということです。品格ある企業と取り引きすることで、自分たちの品格も上がることにつながります。

品性を基準として

十五年以上前の話です。わが社は、ある大手スーパーと取り引きをしていました。しかし、そのスーパーは買ってやっているのだからという態度で、非常に厳しく値切ったり、あるいは、いろいろな機会に協賛金を要求したり、期末には歩引《ぶび》きの要求があったりして、私は取り引きを切るべきだと判断しました。当時、そのスーパーには月に五千万円ほどの取り引きがあり、営業部門からは、相当な反発もありました。しかし、私は社長命令で取り引き停止を実行しました。これは金額の問題ではない、やはり健全なところと取り引きをさせていただき、自社の製品をそれなりの価格で販売してもらいたいと考えたからです。

その後、その大手スーパーが破綻《はたん》しました。その当時の営業部門の関係者から、「社長、ずいぶん先見の明がありましたね」と言われました。

このような判断ができるのも、昭和九年に廣池博士から父が指導されたように、「品性を基準として取り引きをしなければならない」という当社の経営方針があったからです。

一方、いくら合理化や省力化をしても利益を生み出さない、さらに需要が年々減っていく斜陽の製品の製造について、また、その部署の従業員二十名をどうするか、決断を迫られたことがあります。

従業員の配置転換の問題を含めて三か月ぐらい、〝果たしてこれでいいのだろうか〟と眠れない日々を過ごしました。

思案の末、ライフサイクルを終了した製品をいつまでも追っていても将来はない、という決断をして、その部署を解体したことがあります。

このように、経営者は時代の変化に即応できる経営をしていかなければなりません。また、時代の変化を読み取って、右にするのか、左にするのか、勇気を持って決断するのも経営者の役割です。

企業は一人ひとりの幸せに尽くす

十川ゴムの本社や各工場では、月一回、道徳の勉強会を行っています。この勉強会は、社内の有志の集まりから始まりました。私は社内で「モラロジーを勉強しなさい。モラロジー研究所の維持員になりなさい」とはあまり言いませんが、管理職には率先してモラロジーの話を聞くように勧めています。一般社員は聞かなくても結構だと思います。上司が率先して勉強していると、自然と一般社員も話を聞くようになるのです。道徳は幹部から勉強して、幹部から実行するものです。社員に強制的にさせるものではないのです。

永年勤続者の３泊４日の中国慰安旅行（著者・前列右から３人目〈関西新空港にて〉）

私は会社にいるときは必ず勉強会に出席し、一番前の席に座ります。ときどき来ていただいた講師から、「社長、出張していてください」と皮肉《ひにく》を言われますが、「いや、私は社長の立場でなく、モラロジー研究所の一人の維持員としての立場で勉強させてもらっています」と言います。

社員は社長や幹部の後ろ姿を見て成長していくのだと思います。私はそれを父から教えてもらいました。ですから、私もそのような心でいます。現在、わが社では、管理職のほとんどがモラロジー研究所の維持員になっています。企業経営だけでなく、『ニューモラル』や『れいろう』を読むことで、家庭が道徳的な雰囲気になり、それぞれの家庭が幸せになっていくのです。やはり、一人ひとりが幸せになっていただきたいのです。

私がたいへん嬉しく思うのは、会社を辞めて五、六年経った元社員も、モラロジー研究所の維持員を辞めないということです。退社後もモラロジーを学んでいる姿に感謝しています。

道徳を学ぶのは自主的でなければならない

モラロジアン企業の中には、道徳教育は社員教育なのだから就業時間にするという考えの方がおられます。それも一理あるでしょう。しかし、時間内にするということは、道徳教育を強制するということであって、それでは何のための教育か、わからなくなります。

道徳教育の本質は与えられるものではなく、自分の時間を犠牲にして学ぶものです。教えるほうも犠牲を払い、聞くほうも犠牲を払って、ほんとうに道徳が身に付くものだと思います。ですから、あくまでも自主的に学ぶことが大切であると私は考えます。

理想は互いに犠牲を払うことでしょうが、物には順序があります。最初から自主的に時間外の勉強をしようとする人は少なく、わが社においては一年間は食事手当ての名目で時間外手当を支給し、翌年からは支給しないことをはっきり明示して、自主的な勉強会に切り替えてきました。

ところが、当時、健在だった父にモラロジーの勉強会を社内で始めますと報告しても、「ふうん……」と言っただけでした。

たぶん父は、道徳教育を社内で行ったからといって、すぐに会社が変わるわけでもない。道徳の修養と訓練は繰り返しの継続が大事だ、と言いたかったのだと思います。

これまで社内勉強会を続けてきて大切に思うことは、無理のないよう地道にすることとです。人間教育は見えないところで大変な力を発揮します。人づくり、つまり品性教育は一朝一夕に効果は表れませんが、計画的に継続していくことが企業の繁栄につながるのです。

社員の幸せを第一と考えて

「十川ゴムの従業員となら大いに交際しなさい。お付き合いしなさい」、あるいは「十川ゴムの社員なら、うちの娘を安心して結婚させられる」と言われるような企業づくりをめざして取り組んでいます。まだ、十分な人づくりができているとは思いませんが、わが社の経営理念は、製品や事業を通じて地域や国家に貢献することですから、その目標に向かって地道に進んでいきたいと思います。

社是《しゃぜ》の中にも、次のような文言を取り入れています。

一、わが社は事業を通じ国家社会に貢献する
二、わが社は全員が聖賢の教学に基づく高き品性をつくり、物的条件と相まって真の全員の幸福を実現する
三、わが社は聖賢の教学に基づく人造りをもって国家社会に貢献する

聖賢とは聖人と賢人の教えであり、言い換えれば、その教えを経営の中に取り入れるということです。さらにまた、私は父である先代社長の経営理念を継

承するために、次の三つの方針を掲げて、今日まで経営に携わってきました。

第一に、社員一人ひとりの幸福を実現する。

第二に、第一の方針を実現するために、企業を発展永続させる。

第三に、地域社会や国家の発展に貢献する。

このような目的を実現できる事業所をつくらなければならないと思います。

事業所は伝統報恩の基盤となることができます。経済活動を通じて、それに見合った収益をあげて、それなりの報酬をお互いにいただくことで、それによって報恩もできるのではないかと思うのです。

また、多くの人たちが救われていくのも事業所です。社員の幸せを第一として考えて、第二に適正利益をあげて、物心両面で向上していかなければならないのです。

もちろん一人ひとりの幸福を実現するためには、従業員のみならず、地域社会の方々、仕入先の方々、売り先の方々の幸せを念頭に置きながら、具体的に幸福を実現できる方法を取り入れていかなければなりません。

ところが、モラロジアンは往々にして精神論を強調し、経済性の実現をないがしろにする傾向があるように思います。

私は幹部社員に、物心両面の幸せを実現することが肝心であって、精神論だけでは駄目だと言っています。品性の完成と経済的な向上が相まって、幸福を実現できると考えています。

社長が率先垂範をすること

モラロジーでは、「品性資本」という言葉があります。企業にとって、人づくり、人間形成のための品性教育は非常に大切です。会社を人間形成の道場と

新入社員研修にて（平成16年３月30日）

考えて、「企業は人なり、人は品性なり」の教育をすべきでしょう。

その際に大事なことは、まず社長が就業規則を遵守し、率先垂範をすることです。たとえば出社時間ですが、就業規則で八時半だったら、社長も八時半に出社すべきでしょう。大手企業の社長でさえ定時に出社している時代に、中小・零細企業の社長が十時をまわってから出社するというのは、とんでもない話です。

つまり、社員の人づくりをする前に、

社長は己《おのれ》を磨かなければならないということです。社員教育にしても社長が率先して実行しなければ、社員はついてきません。一般社員がやらなくても、社長と幹部社員はやることが第一条件です。世の中では「社員を見れば社長がわかる。社長を見れば社員がわかる」と言われるように、社員に要求する前に、みずからの人間性（品性）をつくらなければならないのです。

上の者は、下の者の範となるよう、常に行動と心のあり方を省みることが大切です。このような姿勢が、社長から経営幹部、管理職から一般社員へと浸透して、地味ですが確実に感化という無形の教育がいつしか企業文化となって、人材育成の背骨になるのです。

創造できる人間に

感化教育は、相手の自覚を引き出すまでにかなりの時間がかかり、しかも継続的に取り組まなければなりません。ただ、幹部が後ろ姿を示す教育だけでは、先行する上司の背中を盲従するだけの社員になる可能性があります。教育が単なる押し付けとならないよう、社員がどのように受け止めているのか、常に認識する必要があります。そのためには、修得したことを外部にアウトプットする機会と場づくりが欠かせません。

若年層に指示待ち傾向が指摘される中で、わが社では、「従う人間から、創造する人間へ」を掲げ、若手の一般社員が意見具申、提案ができる環境づくりに取り組んでいます。

「改善提案」の表彰制度のほか、品質管理や安全管理の標語を毎年社員から募集しています。優秀作品は、氏名、顔写真入りで各事業所に貼り出しています。これは、「従う人間ばかりになったら、会社は潰《つぶ》れる」と危惧《きぐ》した父の時代からやっています。

私の時代では、それを継承するとともに、だれでも自由に提案できる環境づくりを進めました。今ある会社の商標（ロゴマーク）も社員から公募したものです。また、自社製のカレンダーに掲載する写真も、社員の応募作品から選考しています。余談ですが、写真は無記名で選考していますが、平成十五年のカレンダーには私の写真が偶然に入選し掲載されました。

このように会社の表看板を社員の意見を生かして作ることにより、社員の参画意識を向上させることができるのです。ただ命令に従って働くのでなく、自分たちも会社の将来を、新たな価値を創造する一員であるという自覚を引き出す機会となっています。

幹部率先の感化教育を基本に、社員の自主性に基づく人間教育を進めています。

道経一体の人材育成

道経一体の人材育成の基本は、「企業は人なり、人は品性なり」という考え方です。それを社内でどのように実践していくかが大きなポイントです。

わが社の教育には、四つの柱があります。

一番目は「教化」です。まず教育によって物事の見方を変えていただくことが重要です。

二番目は「開化」です。教えると同時に、相手が何を考えているかを認識しなければなりません。一方的な教育では成果があがりません。

三番目は「実践」です。実践しない教育は、真の教育とは言えません。実践してみてはじめて、本人の血となり肉となるものです。知識だけの頭でっかちな社員をつくってはいけません。

四番目はやはり「徳育」です。どんなに知識があっても、それを正しく使う品性がなければ、マイナスの結果しか生まれません。徳育の基本は一対一の感化教育です。本人の自覚なくして、品性向上は望めません。

これらの四つの要因をよく踏まえて、知徳一体の社内教育を定期的に進めていくことが大切です。

十川ゴムの人づくりの三か条を次に示します。
一、経営者率先の人間教育（率先垂範の感化教育で自主性を育てる）
二、従う人間から、創造する人間（自由に意見具現できる環境づくり）

三、物心両面の向上を図る（職場環境や待遇の改善も人間形成のバックボーン）

この三つの方針に沿って、わが社は人づくりに取り組んでいます。

第四章　伝統につながる生き方

犠牲を払う

父は常に「まず犠牲を払うこと。これが第一歩である」と言っていました。言い換えれば、まず実行することが大切であるということです。モラロジーをいくら勉強して知的にわかっても、犠牲を払って実行しなければ全く無駄だということです。

父はよくモラロジアンの方が相談に来られると、「きみ、いつから最高道徳を実行するのか」と言っていました。モラロジーは勉強しているが、最高道徳を実行していないということです。まず実行をしなければならないのです。実行をするために勉強するのです。

また、父はよく「モラロジーをまっすぐに、そして純粋に受け止め、一貫して実行していく」とも言っていました。他人に勧める前に、みずからが素直に喜んで楽しく勉強し、実行していかなければならないと思うわけです。言い換えれば、ほんとうに真に救われた人間にならしていただく。そうすれば、他人も救済することができるのです。モラロジーの実行は、他人のために尽力し、時間的・肉体的・精神的に犠牲を払うことです。たとえ相手が救われなくても、犠牲を払った結果は自分に返ってくるのです。

実行したものしか、身に付きません。しかし、勉強を怠《おこた》れば伝統をないがしろにします。

私が三十歳ぐらいのとき、モラロジー事務所の座談会場の日割表を作成している人に、「モラロジーは慈悲深い人が多いけれども、あなたは無慈悲やな」と言いました。月に何度も父親と親子のセットで当番に当てられるのです。仕事のことは平気で父に言いますが、モラロジーのことは実行していませんから、父の前で胸張って言えません。

あるとき、座談会の当番を担当して、「こんばんは」と挨拶すると、前に父が座っていました。父に「なんじゃ、今日はおまえか」と言われ、あがってしまって、原稿を持っていても半分しか話せません。その日、家に帰って「今日はどうも、ありがとうございました」と言うと、「しかし、照延、おまえ、実行してないわりに、うまくしゃべるやないか」と言われました。そう言われると、何も言えません。

晩年の父に私が、「いろいろなところで話をされていますが、よかったら、その講義の原稿を見せてもらいたいのですが」とお願いしました。すると、ひと言、「知恵どろぼう」と言われて終わりです。そんなことが身に付くわけがない、自分で勉強して苦労して身に付くのだということです。やはり、自分が実行した分量だけしか、人を感化させる力はないのです。同時に相手を教育する力も身に付かないのです。身をもって犠牲を払い、実行したことは相手にも通ずるのです。それが感化の教育につながるのではないかと思います。

父が工場に行って、よく労務課長に話していました。

「きみの言うことはすばらしい。どこも間違ってない。学問的にもあるいは労働基準法に照らしても問題ない。しかし、きみの話には血が通っていない。相手を思う心が欠如している」

やはり自分が苦労し、実行した分量だけが相手を感化するのです。いくら立派な経営学を勉強しても、実行しなければ効果も表れないのです。実行するためにも勉強することが大切ではないかと思います。

報恩は寄付ではない

ここで報恩の問題に触れたいと思います。多くの方が自分の子どもに対して、報恩についてどのような指導をされているかわかりませんが、私が父から受けた指導を述べます。

昭和四十九年、モラロジー研究所創建五十年のことです。このとき、父が創建五十年実行委員長をしていました。私は父に「五十年記念報恩を、どれくらいさせてもらったらよいでしょうか」と尋ねたことがあります。父の言葉は一撃でした。

「報恩の額を聞くバカがあるか。それは寄付行為だ。ほんとうに至誠をもってするのが報恩で、金額の問題ではない」

それだけでした。ああしろ、こうしろと言わなかった父ですが、時と場合に応じて指導をされました。

創業六十五周年式典への想い

父から会社を継承して、私が意を決したことがありました。それは父が元気な間に会社の創業記念の式典を開催することでした。

父の健康状態を勘案し、平成元年五月に創業六十五周年記念式典を実施することにしました。この決定は、お世話になった方々に父の健在ぶりを見てもらい、安心していただきたい一心でした。

当日は、モラロジー研究所の廣池幹《もとたか》堂理事長をはじめ政財界、さらに当社が直接お世話になった仕入先、売り先の方々をお招きすることができました。父は、恩人や旧知の方々と親しく接することができて、「ありがとう」「ありがとう」と何度も繰り返して感謝し、喜んでいました。その姿を見て私は、本来ならば七十周年式典を開催すべきところを、五年早めて実施したことをほんとうによかったと思いました。六十五周年の記念式典の三年後に父は亡くなったのです。七十周年記念まで待っていたならば、私は生涯の悔いを残したかもしれません。六十五周年式典ができ、父に喜んでもらえて、最高の親孝行ができたと今も思っています。

父と枕を並べて寝る

昭和六十年、私の母が亡くなったとき、父は八十四歳でした。これは自慢話ではないのですが、母が亡くなり、私はそれから父と同じ部屋で枕を並べて、八年十か月いっしょに寝ました。男どうしですから、何も話はしません。しかし、妻を亡くした父が、私が横にいるだけで安心してくれるであろうと思って実行しました。

母が亡くなったころ、私はモラロジーの支部長と代表世話人を務めていました。昼は仕事に精勤し、夜はモラロジー事務所と支部の運営委員会や、座談会や講習会の当番などに出席し、半月ぐらい家にいませんでした。

母が亡くなって一か月ぐらい経ったとき、父から「照延、ちょっと来い」と言われて、「おまえ、モラロジーが大事か。親が大事かどっちや。わしは家内を亡くして、夜、一人で寂しいのや」と言われました。

そのとき、父に寂しい思いをさせていて、申し訳なかったという気持ちになりました。

モラロジーを聞くだけでなく、最高道徳の実行をしなければなりません、と

式典で来賓と歓談する生前の栄氏（右から２人目）

言いながら、モラロジーのことに奔走《ほんそう》していれば、それで親に安心を与えているると錯覚していたのです。

それから毎日、父が亡くなるまで一つの部屋で枕を並べて寝ました。これが自分にできた親孝行の実行でした。当初は、私が横にいるだけで、少しは安心してくれるであろう、心配をかけないであろう、という気持ちで寝ておりました。しかし、数年経つと、巨人・阪神の野球の試合をテレビで見ていても、父が「照延、もう寝ようか」と言われると寝室に行き、父が寝たと思ったら、再びテレビを見るということもありました。

あるとき、私は妻に、「親父に百歳まで生きられたら、こっちがばててしまうんやないやろか」と言って、「そんな、お父さんに早く死んでもらわなくてもよろしい」ととがめられたこともあります。十分ではなかったと思いますが、少しは父に喜んでもらえたのではないかと思います。

晩年の父は幸せであったと思います。平成五年の十一月に亡くなりましたが、その三か月前の八月に十川ゴムの堺工場に行きました。モラロジーと物作りに一生を捧げた人ですから、工場で製品ができるのを見て喜んでいました。父は工場に新しい設備が入ると、朝の十時から五時ごろまで、その場にじーっとしていました。本社にはほとんど来てくれませんでした。私が「なんで本社に来てくれませんのですか？」と尋ねると、「あそこは下向いて字ばかりを書いていて、活気がない」と言っていました。「製造メーカーは物作りが大事だ」と絶えず言っていた父でした。

また、亡くなる直前のことでした。「照延。真の幸せとは、おまえはなんだと思う？」と質問してきました。私は、「なんの苦労もない。なんの悩みもないというのが幸せと違いますか」と言うと、「まあ、それもそうやな」と言い、しばらくして、「わしは人生悔《く》いなし。天寿《てんじゅ》を全《まっと》うした」と言いました。そして、そのあと「兄弟仲良く、照延、やってくれよ」と言いました。亡くなる直前まで、しっかりした父でした。

平成五年十一月十七日に、父は九十二歳で亡くなりました。

伝統について

伝統の問題について述べたいと思います。廣池博士は伝統について、「学習怠れば伝統を立てず」というわかりやすい言葉で言われています。モラロジーの勉強会あるいは講習会に出席し、多くの講師の話を聞くことで、伝統が認識できるわけです。勉強を怠ると、〃俺が、わしが〃という自分中心の物の考え方に知らず知らずのうちに変わっていきます。ですから、学習を怠れば伝統を立てずになります。さらに、時と場所を考えずに、自分の言いたいことを言うようになってしまいます。

何事をするにしても伝統中心に物事を考えていかなければなりません。同時に今の自分があるということは、多くの方々からの恩恵によって支えられている自覚と認識をしなければいけないのです。

私が今日あるということは、父がモラロジーに接して、精神の立て直しができたということです。言い換えれば、父はモラロジーで更生させていただき、私も救われ、会社も存続できたのです。ですから精神伝統に対して、心から感謝と報恩を捧げなければならないと思っています。また、家庭生活においては、親・祖先があって今の自分があるという気持ちで、親子関係と家庭生活をつくっていかなければならないのです。

わが社でも、創業者はもとより、先人のおかげで今日の十川ゴムがあるということに感謝し、三年に一度、五月二十五日の創立記念日の前後に、堺工場と徳島工場で物故祭を実施しています。このときは、物故者の家族も招待し、「二十年も前に亡くなった主人を今も祭《まつ》っていただき、こんなに嬉しいことはありません」という感謝の声が聞かれます。

伝統に安心を

自己の運命は、モラロジーの話をただ聞くだけで変わるというものではありません。まず犠牲を払い、神を信じて慈悲至誠の精神になって、人心救済を行うことから自己の運命がよい方向に徐々に変わっていくのです。

人心救済を実行することは、伝統報恩につながります。精神伝統や家の伝統にご安心していただくこと、また国家伝統にもご安心していただくこと、それは社会や地域の道徳化に寄与することになります。つまり、人心救済を実行す

物故祭にて

ることは、伝統に安心を与えることになります。

伝統の原理は最高道徳の核心です。常に何事も伝統本位で考え実践することができれば、間違いなく素晴らしい人間に成長することができると私は思います。

私は家の伝統に対して、常に安心と満足を与えるには、どうすればよいのか考えて行動してきました。特に、社長になったときは、父は喜んでくれるだろうか、心配するだろうか、また、創業者である父ならば、この問題をどのように判断するだろうか、ということを絶えず念頭において経営にあたっていました。

平成七年、本社社屋を建て替えるとき、もし創業者の父が生きているならば、「物を産まない、生産の現場でないところに金をつぎ込んでなんとする」と叱《しか》られることはわかっていました。私は仏壇の前で、「これも時代の流れであり、見栄《みえ》や形もよくしなければなりません。許してください」と言って報告し、謝りました。

恩を感じる

父は、昭和五十二年七月の谷川での幹部研修会で次のように話しました。

「わたくしはこの教えていただいた精神を死ぬまで守らせていただき、いわゆる最高道徳の教えと、この精神を死ぬまで実行し守らせていただき、博士のもとへ行けるかどうかはわかりませんが、お会いすることができれば、今のモラロジー団体はこのように発展しております、とご報告させていただきたいと思うのであります。わたくしはそのことを楽しみにやっていきたいと思います」

父の思いは、死んだら天国におられる博士のところに行き、博士に報告をしたい。そのためにも真剣にモラロジーを勉強して、最高道徳の実行をしていくということです。私を含めて多くの人々が、このような意気込みを持って、廣池博士を身近に感じているでしょうか。

例年、七月三十一日に住吉モラロジー事務所が中心となって、廣池博士の追体験をするという趣旨で、二十年ほど前から堺市の中心の宿院《しゅくいん》から住吉大社まで、博士が歩かれた同じ時間に合わせて歩いています。

明治二十七年七月三十一日、廣池博士はみずからが発行していた『史学普及雑誌』を書店に買ってもらうために京都から大阪の堺まで、雑誌を包んだ重い風呂敷包みを担いで行かれました。三十一日は住吉大社の大祭なので、堺の商店街も休むのです。そのため目的の書店も休みで、再び荷物を背負って堺から大阪まで歩かれて、住吉大社で一休みされました。そのとき、料理屋から三味線の音とにぎやかな笑い声が聞こえてきます。自分はこれほど苦労しているのに、あのように遊んでいる人がいる。世の中はおかしいと一瞬憤《いきどお》りを感じられます。〝このような矛盾があるからこそ、道徳を行う者がいなくなるのももっともなことだ。しかし、これは人々に知恵や徳が行き渡っていないためであるから、国家、世の中をよくしていかなければならない〟と誓われました。これが有名な住吉神社の「五か条の誓い」です。「第一　国のため、天子のためには生命を失うも厭《いと》わず」です。国家、天皇陛下のために自分の命を失うことも、かまわないということです。

私は廣池博士と同じような意気込みを持った二代目廣池千英《ちぶさ》先生の講演を聴いたことがあります。昭和四十三年四月二十六日、この四か月後に千英先生は亡くなられるのですが、この日、堺の公民館で講演をされました。

そのとき、私ら青年部の人間は、前二列に並んで、千英先生に何か問題が起こったら大変だから、もしものときは演壇に上がって千英先生をお守りしなさいと言われました。そのときの講演の内容は詳しく覚えていませんが、「日本の将来を思う」という題名で一時間半お話をされました。そのとき、「この小さい身体を張って、左翼勢力と戦う」と演壇から宣言された千英先生の姿と言葉を未だにはっきり覚えています。千英先生も常に国家と天皇陛下のために一生を送られたわけです。

自己の人生を左右するものは、大恩を思って生きるか否か、恩を感ずるか感じないかということだと思います。

第五章　道徳実行の効果

企業は本業が大切

昭和五十五年に私は父から社長を引き継ぎました。

やがて日本はバブル時代を迎えます。廣池博士は、「金の使い方が大切である」と言われていますが、父も「無駄づかいは絶対にしてはいかん。蓄えを常に持っておけ」と言っていました。

バブル時代は、正直言って、それなりの利益も上がりました。バブル時代、私は銀行の支店長とよく言い合い、「あなたが来られたら気分が悪い」と言って、銀行の支店長を十川ゴムに出入り禁止にしたことがあります。

銀行の支店長は、五億円貸すから、あの土地を買え、どこどこの株を買え、あるいはゴルフの会員権を買えということをさんざんに言ってきました。私は

「何がなんでも、そのような投機は一切やらない。本業で汗水を流して、それなりの成果をあげていくんだ」と言い続けました。

今でも私は銀行の支店長にずけずけと言います。「お金を貸してやるといっても、こちらが借りれば、あんたが来るたびに頭を下げなければならんでしょう。私は銀行に頭を下げるのが嫌いなんだ」

バブル経済の試練

時代が平成に変わり、数年経つとバブル経済が崩壊し、日本経済は深刻な不況が続きました。

平成七年の阪神・淡路大震災の後、景気は少しずつ回復していると言われていましたが、中小企業の業績はなかなか回復せず、十川ゴムでも受注減からフル稼働ができず、苦しい経営が続きました。その当時、もっとも多いときは千百二十名の社員がいました。

当時、周りの企業を見渡せば、社員の大量解雇によるリストラが続き、わが社の従業員にも不安を与えました。私は堺、奈良、徳島の三工場を回って、「十川ゴムは心配しなくてもいいです。従業員の人員整理によるリストラは一切しません。しかし、喜びも苦しみもともに分かち合って、将来に向かって邁進しよう」と言いました。

五年間で社員の数を千百二十名から八百五十名にしました。むろんリストラでなく、定年退職や社員の採用を控えるなどで人員を削減し、人件費等を抑えて危機を乗り越えました。必ず企業には浮き沈みがあるわけですが、企業は危機のときに持ちこたえる力を持つことが大切でないかと思います。

後に、会社の役員から、「社長は頑《がん》として株や土地、ゴルフ会員権に手を出さなかったから、今日の十川ゴムの安泰があるのですね」と言われました。

大きな判断を迫られたとき、私は仏壇の前に座って、父ならばこの問題をどのように解決するだろう、どのように指示してくれるだろう、これでよいのだろうか、と手を合わせて一人で自問自答しました。

今でも一つのことを決断する場合には、「よろしいでしょうか」と仏壇の前で父にうかがっております。返事はしてくれません。しかし、そうすることで自分の心が落ち着き、冷静に物事が判断できる姿勢が身に付くのです。俺の力、私がするのだからでなく、先代ならばどう考えるだろうかと思案することで、心に考える時間と余裕が生まれるのです。

廣池博士は「最高道徳実行の具体的方法」として次のような言葉を残しておられます。

「すべての行事は皆、人心救済の精神より出発すべき事」（『教訓抄』三十六頁）

事業や行事は、人心救済の精神を基準にして出発しなければだめだということが戒めとして書かれています。まさに、そのとおりだと思います。

「迅速　確実　典雅　安全」

廣池博士は多くの格言を残されていますが、『最高道徳の格言』（モラロジー研究所刊）の最後の頁に「迅速　確実　典雅　安全」という言葉があります。これは廣池博士が昭和八年ごろに述べられていますが、私は経営を考える場合、今の時代に最も適した格言ではないかと思います。

私の言葉で言えば、廣池博士は先駆者であると思います。まさに、現代の企業のあり方を見通しておられました。

この格言は、一つの物事を成就するときの行動基準です。やはり何事も迅速、

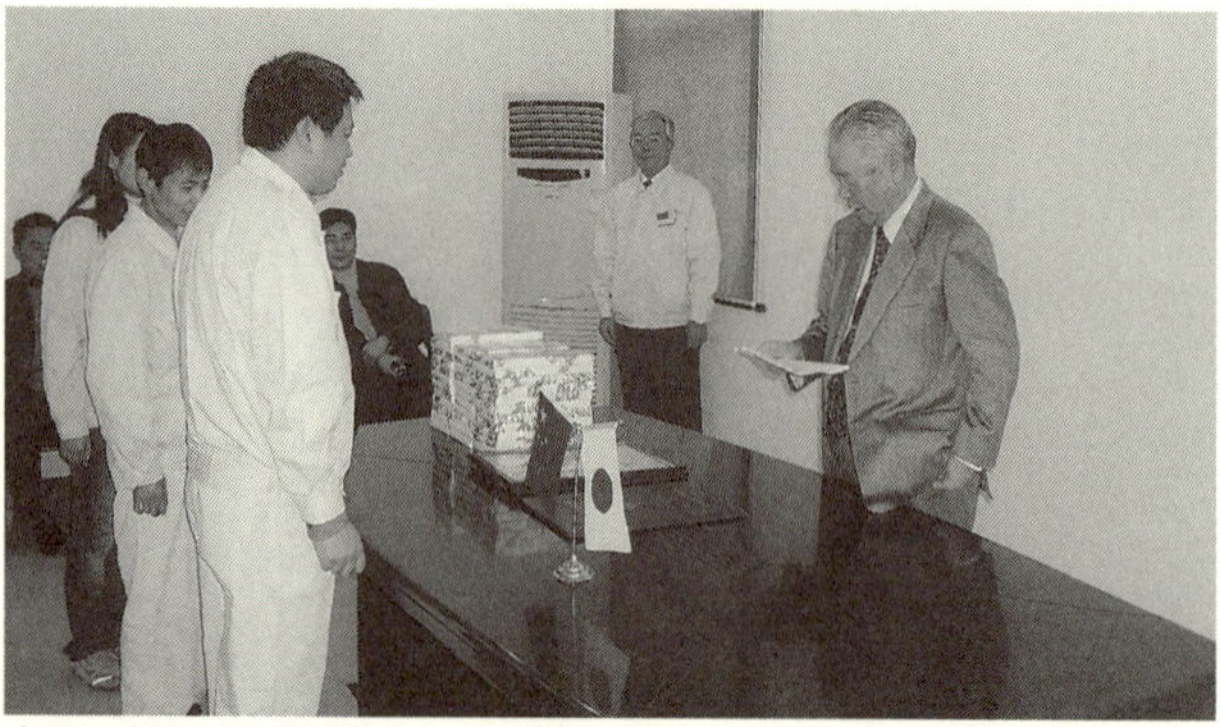

中国・紹興十川橡膠（ゴム）有限公司のＩＳＯ9001取得を記念して、従業員に記念品を贈呈する著者

確実が大切です。迅速と確実とどっちが優先かという問題は別として、現代の企業において、その日の仕事はその日に処理すること。つまり、顧客から言われた案件は、確実にその日のうちに返事をすることが大切でしょう。

典雅とは、現代で言えば、品質管理と品質保証のＩＳＯ９００１です。廣池博士は七十年前に、品質第一と言われているわけです。よいモノを作り、それを売ることが、信用につながるのです。

安全とは、会社全体の財務内容を健全化

することではないでしょうか。また、当然、従業員の災害についても注意を払わなければなりません。さらに、現代では、環境問題についても慎重に配慮しなければなりません。

私は十年前から、この格言を社員に示しながら、社内で真剣に取り組んでいこうと唱えています。企業が、この格言に従って改善していけば、企業の存続発展は盤石になるのではないかと思います。

道徳実行の効果

私は道徳を実行すれば、長期的だけでなく、短期的にも効果が表れなければならないと思います。

私の場合、第一におかげさまで、家庭、企業、地域社会の中で、喜びを感じる回数が多くなりました。つまり、感謝の念が多く出てきたように思います。それと家庭や会社の中での悩みが少なくなりました。

苦労や悩みが全くなくなれば、真の安心・平和・幸福が訪れるのでしょうが、これを実現した人はまずいないと思います。私もまだ商売上では悩みが絶えません。しかし、少なくなってきていることは確かです。これはモラロジーのおかげと思います。

二番目に健康をいただきました。私は、よく知人から、「十年前と同じですなあ。全然変わられないですね。何か特別な健康法をされているんですか」と尋ねられることがあります。私自身は特別な健康法は何もしていませんが、その日に起きた案件や社員・役員からの相談は、その日のうちに処理するようにしています。これはだめ、これはやれ、という判断を即決するようにしています。それがストレスをためない、ストレスの解消になっていると思います。案件を先送りすることが、やはりストレスの蓄積につながります。その日のことは、その日のうちに処理することが大切なことではないかと思います。

三番目に感謝の心がわいてきました。これはまさに、おかげさまです。大きくとらえれば、伝統のおかげで今の自分があると思えるようになりました。また、妻に感謝しております。私の妻はなんでもはっきりとものを言うので、意見も言われましたが、両親の面倒を最後まで見てもらいました。

四番目に、家庭が円満になって、和《なご》やかな家庭になりました。笑い声が聞こえる明るい家庭になってきました。家庭内に問題があった場合、すべてではないですが、少しずつ難しい問題も解決できるようになりました。

自分のことで恐縮なのですが、私は今から二十年前に「会社、家庭でいっさい愚痴《ぐち》や不平を言わない」ということを誓いました。愚痴や不平の中身は、悪い話ばかりです。言い換えれば、愚痴や不平を他人に言うということは、家の恥《はじ》、会社の恥を外にさらけ出しているだけです。なんの解決にもなりません。愚痴や不平でよい話はありません。聞く側もよい気持ちにさせません。相手に不愉快を与えるだけです。自分にマイナス、相手にもマイナスです。そのようなことは、すぐにやめたほうがいいに決まっています。

だから、会社の利益が上がらなくても、家庭でいっさい愚痴や不平を言いません。自分の恥をさらさない、相手に不愉快を与えない、そのような決意で生活しています。これが基本的な道徳実行だと思います。

累代教育の大切さ

道徳の実行は年月を積み重ね、世代を越えて続けることが必要です。つまり、モラロジーは累代教育です。過去累代における借財の返済は、自分の代だけではできないという認識です。そのためにも自分だけでなく、次の世代も道徳実行の努力を心がけなければならないのです。細く長く、怠らずに進まなければならないのです。

私たち夫婦には、三人の子どもと五人の孫がいます。時々、妻と二人で話します。私は、「彼らが道を外《はず》さずに、まともな道を歩んでくれることに感謝しなければならんな」と妻に言っています。

人間には頭のよい・悪い、勉強ができる・できないの違いがありますが、そのようなことはあまり重要なことではありません。大切なことは、人の道を外さない、つまり道徳的な考え方ができる人間になることです。

まだ、父が健在のとき、私の長女が二人の孫を連れて家族ぐるみで来ていました。孫は、小学校一年生と四歳でした。二人は必ず正座して父の前で「大じいちゃんお元気ですか」と言うと、父が「まあまあ、おかげさまで」と答えます。すると、二人は、「大ばあちゃんのところに行ってきます」と言って、仏壇の前で手を合わせて拝んでいます。その姿に父が感激して、「照延、財布持ってこい」と。私が「何をするんですか」と尋ねると、「ひ孫に小遣いやる」ということでした。

私は冗談で娘に、「おまえとこの子ども、うまく育ててるなあ。小遣いもらうために」と言いましたが、何もわからない小さいころから、亡くなった人や祖先、仏さまのことを教えることは大切なことだと思います。自分たちが祖先からのつながりの中で生かされていることを教えられる機会になります。

一番上の孫は、十二歳のときから婦人警官になるという目標を立てて、二十二歳のとき大阪府警の警察官になりました。今では正月も休みなしで深夜勤務もしています。私は、「十年間、目標に向かって努力し、実現したから偉い」と言って、就職祝いをやりました。婦人警官の試験もいくつか受けたのですが、その中の一つに広島県警がありました。私が「なぜ、広島を受けたのか」と聞くと、「おばあちゃんが生まれたところだから」という答えが返ってきました。私の妻は広島出身なのですが、このようなことを聞くと嬉しく思います。

私は日々、さまざまな場面で多くの若い人たちに会いますが、今の若い人たちは素晴らしいと思います。年長者が「今の若い人たちはできていない」というようなことを言いますが、教えるということをしないで、文句を先に言うからいけないのです。このようにしたほうがよいと伝えて、「するしないは、あなたたちの自由だ」という態度が必要です。

今の若い人たちの多くは、家庭や学校でしつけや礼儀という一般的な道徳さえ教えられていないわけです。やはり親や、会社ならば上司が教える責任と義務があるのではないかと思います。

真の安心を求めて

人を育てることは人心救済につながります。一人ひとりが、人を育てていくことの輪を大きく広げていけば、社会と国家の道徳化につながるわけです。廣池博士は「心に安心のない人生は無意味である。安心なくして幸福なし」というような言葉を述べられています。

家庭や会社が、経済的に規模が小さくても、心に安心があれば幸せを感じられるのです。廣池博士は「商売ぐらいバカでもできる」というような意味の言葉を述べられています。私の父も住吉講堂で何回も、「商売なんて、バカでもできる」と言っていました。

私が十川ゴムの社長に就任したとき、父は私に「わしは（モラロジー研究所の）

維持員の前で、商売はバカでもできるが、人心救済は商売に比べればほんとうに難しいことやと、何回も言っておるから、わしの生きている間、会社をつぶさんようにしてくれよ」と言いました。私は、「大丈夫です。安心してくださ い」と答えておきました。

やはり商売よりも人心救済のほうが、精神面、時間面、物質面で多くの犠牲を払わなければなりません。人の心から心配や苦労を取り除くことは、大変なことなのです。真の安心・平和・幸福とは、心配事、気苦労が全くないことです。さらに、一時的ではなく、永続しなければならないのです。私はまだそこまで至っていませんが、努力を続けたいと思います。

モラロジーというすばらしいご縁をいただいた以上、自分の身近なところの家庭、地域社会、親族、あるいは自分の所属する企業から、人々の心に安心が生まれるように努力を尽くしていただきたいのです。私は常々、開発活動は口で言わなくても、われわれ自身の家庭や事業が素晴らしければ、多くの人が集まると言っています。モラロジーを十年、二十年勉強すれば、あのような家庭、あのような企業になる、と周りの人に思われれば、「今度、生涯学習セミナーがありますから、どうですか?」と言わなくても、多くの人々が喜んで集まってくれます。

人が集まらないと嘆く前に、モラロジーを長年勉強しても向上していないから、人が集まってくれないのだ、ということを自分の反省としなければならないのです。われわれが変わらなければならないということです。

私は、一つの目標として、「モラロジアン企業の見本になる」と廣池幹堂理事長にも大見栄を切って宣言しています。私の会社を目標にしてもらえるような会社、そして企業の永続と発展をめざして努力しております。そのぐらいの元気のよさで、前向きに実行をさせてもらわなければならないと思います。

多くのモラロジアンの家庭や企業が、地域の見本となっていただくことを心から念願しております。そして、心を新たにしてみずから学び、みずから道徳的犠牲を払い、お互いの運命の改善と社会の道徳高揚に向けて、ともにがんばらせていただきたいと思います。

十川 照延（そがわ・てるのぶ）
　昭和２年、大阪市に生まれる。昭和22年、千葉外事専門学校（現・麗澤大学）卒業。昭和25年12月、立教大学卒業。昭和26年、合名会社十川ゴム製造所（現在の株式会社十川ゴム）に入社、取締役営業部長、専務、代表取締役社長を経て、平成18年より代表取締役会長。
　学校法人廣池学園理事、財団法人モラロジー研究所理事を経て、現在、モラロジー研究所常務理事、同参与、同社会教育講師。日本道経会会長。日本ゴム工業会副会長。関西経営者協会組織委員。

企業の永続と発展 ── 人づくりの経営をめざす

平成19年２月20日　初版発行

著　者　十川 照延
発　行　財団法人 モラロジー研究所
〒277-8654 千葉県柏市光ヶ丘2-1-1
TEL 04-7173-3155（出版部）
http://www.moralogy.jp/
発　売　学校法人 廣池学園事業部
〒277-8686 千葉県柏市光ヶ丘2-1-1
TEL 04-7173-3158
印　刷　中沢印刷株式会社

ISBN978-4-89639-136-7